010

小海線の初詣臨
9124レを追跡する

小海線の列車懐想

■ 小海線　9124レ「初詣臨」

　正月に「初詣列車」が走る、という。長野が始発で、小諸から小海線を縦断して小渕沢に出、そこから中央本線で上諏訪、諏訪神社に詣でる。小海線の車窓を肴にお座敷列車の旅を楽しもう、という企画だ。

　大好きな小海線を大好きなC56がお座敷列車を牽いて走る！ それも中込から先は後補機付で。

　こんなすごいことが起きるなんて。小海線のC56にとってまさしく晩年というべき1972年のことだ。列車は9124レで9時過ぎに小諸を発車して、列車交換のためや後補機を連結するための運転停車はあるものの、基本的には小海線を走り抜ける、という印象である。

　既に幾度となく通い、だいたいの道路状況、道筋も知っている小海線だ。とにかく追いかけられるだけ追いかけてみよう。先に断っておくが、50年前の国道141号線は、まだ整備前の箇所もあったけれど、交通量も少なく、ましてや正月のこと、それこそ自由に走り回れた。

　「ナビ」などという便利な道具も、もちろん「ケータイ」などもない時代。経験がものをいい、列車速度や停車駅からして、これくらいは撮れるかもしれない。

　結果からいうと、その期待以上のものであった。列車の奮闘振りもだし、われわれの対応もことごとくうまくいった。補機連結のシーンやいくつかの停車するであろう駅の情景なども興味深かったが、この際は小海線の情景を往く走りのシーンに徹しようと決めた。駅に立ち寄るというのは、いろいろリスクがある。周辺に渋滞があったら、それだけで大きな時間のロス、つまりは列車撮影のポイントが減ってしまうことになる。

　その方針も正解、であった。かくして、若い時分ゆえの無鉄砲な気持ちも存分に納得させるほど、3時間あまりの「列車追跡」で、本当にこれだけの写真をフィルムに記録できた。その成果は、まさしく一冊にまとめておきたい、という類のものというわけである。懐かしい小海線の情景の中の「初詣臨」の躍動する姿は、まさに懐想列車である。

単機回送が小諸へ
■ 小海線　9124レ「初詣臨」

　夜半前に東京を発ち、夜明け前に到着したのは小海線が信越線と分岐した先、乙女の辺りであった。まだ高速道路網は完成しておらず「碓氷バイパス」を越えてほとんど一気に走ってきた。幸いにして凍結などもなく、順調にここまできて小海線の線路を見て、ようやく落ち着いた、というところだった。

　天気も上々、ひと休みしながらプランを練ろうか。ひょっとして機関車は小諸に駐泊しているかもしれないから、それを確かめに行く？　それともロケハンに走り出そうか、そんなことをぼんやり考えていた頃、である。気配を感じて、カメラを取出したところに単機回送の機関車がやってきた。

　しっかり撮影ポイントを決めるまでもない。逆光の中、シャッターを切る。偶然に前ページのような写真が撮れたりもする。後追いが朝日を浴びた順光、バックの山々が美しい。

　やってきた機関車はC56150であった。晩年は4輌のC56が働く小海線、中込機関区を出て小諸に回送、というところであった。

　小諸のターンテーブルで向きを変え、「初詣臨」のまずは先頭に立ってやってくる、本務機の仕業を受け持つ機関車というわけである。

行掛けの駄賃
■ 急行「こうみ」号　＠青沼

　夜明けの小諸に到着し、単機回送を撮影した後、気になっていた場所にロケハンを行なった。どちらかというと小淵沢側の方が訪問回数など多く、小諸側でも「ここぞ」という場所を見付けておきたかった。

　以前、列車の車窓から見て気になっていた青沼の付近。車窓は畑地が広がり、その向こうに小高い丘がある。逆に丘から見れば広い俯瞰撮影ができるのではないか。

　その予感はみごとに的中した。その丘に駆け上がればクルマを停めすぐその脇で信じられないほどの景観が広がっているではないか。鳥肌が立つほど、それでは、ここで試し撮りを兼ねて「行き掛けの駄賃」を狙うことにした。

　この日、季節列車の急行「こうみ」が運転されている。小海発で小諸経由上野行の直行列車。客車3輌が小諸から9316レ「飯綱1号」に併結され、その日の13時52分に上野に到着する列車だ。それが、小海発08時04分、小諸着09時26分だから、その発車時間、というか「こうみ」小諸到着時刻まではいろいろ準備に使える時間だ。

　C56144が牽く「こうみ」をまずは撮影した。

行掛けの駄賃
■ 急行「こうみ」号

　本当なら「こうみ」号だって、追い掛けるに足る魅力的な列車だ。だいたいがC56が旅客列車を牽くシーンなんて、ほとんどがもうとっくに消えてしまっていた。
　小海線においては、季節列車とはいえ新宿始発小淵沢側からやって来る「八ヶ岳高原」号とともに、上野始発で小諸側から小海まで走る「こうみ」号と、2本の客車列車が走っていたのだから、思い返してみるだに奇跡のような事実が、最晩年になって繰り広げられていた。
　きょうは「初詣臨」を撮りにきたんだ、と解っていても、目の前にC56の牽く列車など見てしまうと、即座に臨戦態勢。どこまでも追い掛けていきたくなってしまう。青沼でワンカットだけ、と決めていたのについついもう一ヶ所、と欲張ってしまう。

　右の写真は左の写真を撮って、なおかつ乙女で「初詣臨」のファーストショットののち、三岡駅に引き返したとき、後方からやってきた「こうみ」。クルマの機動力のおかげなのだが、なんとも時代の移り変わりをも感じてしまったシーンだ。

乙女の大カーヴ
■ 09時15分のファーストショット

　小諸から二駅の間、信越線と並行して、というより同じ道床の上を走ってきた小海線が、乙女駅を出た辺りで右にカーヴして向きを南に変える。「乙女のカーヴ」というお気に入りのポイントのひとつだ。

　背景は少し煩雑だけれど、その向こうには浅間の裾が見え、さあここから本線と分かれて小海線がはじまりますよ、といった感じがして、好きなポイントなのだ。

　信越線を越えてきた県道137号線が、この辺りで小海線に沿って走るようになる。逆に岩村田から県道に入って三岡駅を通り過ぎて乙女のカーヴで「初詣臨」のファーストショットをすることにした。

　といってもギリギリまで「こうみ」を追い掛けていた。間に合うかどうか一目散で飛ばしてきた。まだきていないようだ。次の行動の準備にクルマを方向転換し、左側に停める。エンジンは掛けっぱなしだ。

　クルマを停めるや、ひと息つく間もなく、むこうにC56とブルウに白帯の客車がやってくるのが見えた。おお、本当にちゃんと「初詣臨」は走っているのだ。おもわず武者震いが出た。

　ここで撮って、なんとか三岡駅で追いつきたい。どうやら「こうみ」とは三岡駅で交換することになっているのだ。間に合うかどうか、一番のタイトな状況かもしれない。

　それでも、目の前の情景は一枚でも多くフィルムに記録しておきたい。C56も5輛の客車を従えて力行するのだから、なかなか奮切れない。

　カーヴで機関車が向きを変えるまで見届けていきたい。小さな鉄橋を渡るシーンまで…、わー、煙が巻いてきた、もうワンカットだけ…　よし、終了！　クルマに飛び乗り、脱兎の如く走り出す。

023

三岡駅での交換
■ 09時19分、「こうみ」と離合

　0-400m加速18秒、などとカタログで謳われるクルマだ。あっという間に列車を振り切って三岡駅先の歩道橋脇の路肩にクルマを停める。

　さっきのポイントから三岡駅までは1kmと離れていない。その間にクルマはみごとに列車を追い越した。予め決めておいた駅の先の歩道橋に駆け上がる。まだ「こうみ」の姿もない。と、後方からドラフト音が聞こえるではないか。

　振り返ると、岩村田で振り切った「こうみ」が入ってくるところであった。ここ三岡駅で「初詣臨」と交換するのだ。時刻表によると09時19分発となっているが、少し遅れ気味だ。

　まさしく列車が入線してくるところだった。

　夢中になっていると、ときに時間がスロウモーションのようになることがある。このときもそんな感じだった。追い越した「初詣臨」はどうしたのだろう。ギリギリ間に合うかどうか、のつもりがまだやってきていない。

　「こうみ」の客車からは暖房のスティームが漏れ、貨物駅ホームの裏手では、子供がふたり、陽だまりで遊んでいる。完成が研ぎ澄まされていると、そんなことにまで気が向いてしまったりする。そのときである…

025

　向こうから煙があがり、C56150の姿が見えた。西風に煙をなびかせたまま、歩くような速度でポイントを渡り、身をくねらせて左側のホームを通過してくる。
　ホームの長さは足りるのだろうか、一瞬そんなことが頭を過ったが、ナニゴトもなく列車は近づいてくる。貨物ホーム裏の子供たちは地面に座り込んで遊びに興じたまま。
　それにしても、20m級の客車8輛もが、この小さな駅で行き交うのはひょっとすると前代未聞、というようなことではないのだろうか。その光景をフィルムに焼き付けると同時に、脳裏にもしっかりとどめておきたい、と目を凝らすのだった。
　「なにかいつもと様子がちがう」
　気付いたのだろうか、次ページの子供らが線路の方を向いているのが面白い。
　「こうみ」の発車を見届けるよりも、通過して行く「初詣臨」の後姿を追い掛ける。さっき思いがけず「こうみ」を撮影したのと同じアングルで、こんどは「初詣臨」の姿を後方から捉える。
　「乙女のカーヴ」のファーストショットからわずか10分ほどの間に起きた濃密な情景の数々に、息つく暇もなく、次のポイントに向けて走りだすのだった。

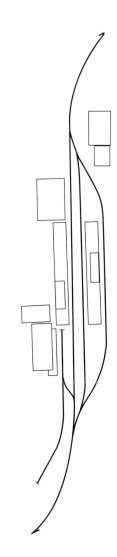

027

029

030

岩村田の築堤
■ 09時30分、綺麗な山をバックに

　岩村田の築堤はなんども通ったところだ。写真は小諸行の下り列車の場合が多かった。それは午後にやってくるのは下りしかなかったからで、煙は期待できないけれど、列車全体が写し込め長時間のワンシーンが楽しめる、お気に入りのポイントのひとつだった。

　いまではちょうど谷の中央辺りを新幹線が横切り、情景は大きく姿を変えてしまっている。

　珍しく小諸からやってくる列車、なんとバックに浅間の美しい山並みが見える、こんな素晴らしいシーンだとは、この日初めて気付いたことであった。

　少しばかり余裕を持って列車を待った。この区間、濁川の鉄橋を中心に築堤を下って登るようになっているから、煙を少し期待したのだが、築堤を下った余力でそのまま駆け上がってくるかのように、ほとんど力行することなしにやって来た。いつもよりずっと長い5輛もの客車を牽いている、というのに。

　それでも浅間山をバックに入れた遠景と機関車を一杯に引付けたアップの両方を撮影して、満ち足りた気分で大きく息をついたのであった。

　この先、中込で捕機を連結して、やってくる筈だ。余裕を以って先回りをすることができる。

032

青沼の遠景

■ 午前10時の夢のひと時

　この情景を目の前にして、頭のなかはいろいろな想像が駆け巡っていた。さっきの岩村田からは余裕を以って目指す撮影ポイントに到着していた。それというのも、渋滞などの危険を避けて、一気にここまでやってきていた。
　列車は中込駅で停車して、後部に後補機を就けているはずだ。そんなシーンを諦めて先回りしたのだから、間に合って当然なのだが、そうなればそれで、お目当ての列車がやってくるまでの時間がもどかしい。

　うんと寄って間近かで蒸気機関車の迫力を感じるのもいいけれど、どこか遠くを走り過ぎて行く蒸気機関車情景というのが好きだ。気持ちのゆとりも感じられたりする。
　エクタクロームを入れたブロニカに35mmレンズと180mmレンズをつけたニコンが2台。首から3台ものカメラをぶら下げて、列車を待った。少し待ちくたびれた頃、目指す「初詣臨」が姿を現わした。ちゃんと後補機も就いている。
　このシーン、なん分間のロングシーンになるのだろう。カメラを次々に取り替え、望遠でワイドで、これでもかというほどにシャッターを切る。忘れることのできない、夢のようなひと時を過ごしたのであった。

高岩を行く
■ 10時15分、小海線の名所

　青沼の遠景をたっぷりと堪能したあとは、高岩を目指す。高岩は駅名だが、線路端にそそり立つ巨岩が、小海線の撮影ポイントになっていることから、高岩といえばあの巨岩のところ、と話しは通じるのだった。

　幾度か貨物列車や「こうみ」をここで撮影したことがある。短い列車だと巨岩の大きさに負けてしまうのだが、5輌編成、後補機付の「初詣臨」はきっとダイナミックな写真を提供してくれるにちがいない。

　そう思ったのはわれわれだけではなかったようだ。すでになん台かのクルマが停められ、同好の士が撮影準備を整えて待っている。思い返してみれば、この日ここまで誰にも出遇っていなかった。あとから飛び込んできて申し訳ないが、みなさんの邪魔にならない位置でカメラを構えて列車を待った。

　ところでこの巨岩は天狗岩と呼ばれるもの。遥か太古のむかし、それこそフォッサマグナの折りに出現したのだともいわれ、かつてはこの岩のすぐ下まで千曲川の流れがあったのだそうな。となりの駅、馬流の由来、川を渡る馬が流されたほど流れは急で、江戸時代からの「佐久甲州往還」のルートでも難所のひとつだった、という。

　馬流～高岩間、100m級の巨岩が見下ろす線路をやってきた「初詣臨」、後補機も力行し、思った通りに迫力のあるシーンを見せてくれた。

039

　ここで後補機がC56149であることが解った。中込での補機連結シーンはエスケープし、青沼の遠景を楽しんできたのだから。初めて近い距離で後補機を捉えたことになる。
　右、天狗岩の岩肌に機影を写してやってきた「初詣臨」はいつもとはちがう、満足の一枚を残してくれた。

　そう、中込駅を避けたのも同じ理由だが、なるべく街なかには入りたくない。道が面倒な上に渋滞でもした日には、思わぬ時間を費やしてしまう。少し遠回りでも空いたバイパス道路を走るのがいい。列車追跡時には心しておかねばならないことのひとつだ。
　高岩の迫力シーンのあとは、小海駅を素通りして松原湖に先回りする。先に説明した天狗岩の周辺もこんなだったのではないか、というような山と谷とに挟まれた険しい細道のルート。少し線路と離れた道を進み、ふたたび線路が近づいたところが松原湖。絶景のシーンが展開される場所だ。

松原湖の絶景を往く

　国道141号線から見下ろせる、松原湖のいつもの俯瞰シーン。勾配に挑む迫力ある情景が有名だが、じつはその遥か向こうから列車がやってくるのまでが望遠できる。

　こんな位置に松原湖駅があったのか、このとき初めて知ったような… 見え隠れしながら鉄橋を渡って、いよいよ絶景の渓谷沿いの場面が訪れる。本務機も補機ももうもうたる煙を上げている。

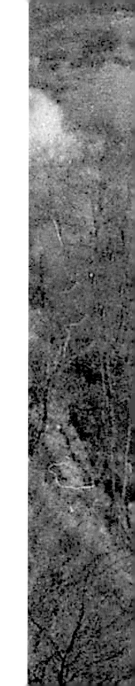

松原湖駅

国道141号線

■ 10時40分、松原湖駅通過

　「第七千曲川橋りょう」で渡り、千曲川の流れが車窓の左から右側に展開する。最大33‰、小海からずっと上り勾配がつづく難所だ。

　わー、肝心の鉄橋では煙がもうもう過ぎて、後補機はすっかり見えなくなっているではないか。だが、そのドラフト音の凄さ、谷間に谺して凄い迫力だ。見ているだけでも満足させられてしまう。それでもファンダーを覗き、シャッターを押す瞬間を狙っている。

　左を向いて、やってくる列車を追っていたのから、パンをしてちょっと後がちになったところで、この情景はクライマックスを迎える。いつもなら、少し物足りない気持ちで力行振りを後追いするのだが、きょうはちがう。後にもう1輌、補機が頑張っているのだから。

　それにしても小海線にしては滅多とない5輌もの長編成。いつもなら本務機関車のアップだけでもいいのだが、せっかくの後補機を逃してはなるものか。絶好のチャンスを待ちに待ったのだった。

047

　煙が真っすぐ上に揚っていることでも、列車の速度が解ろう。右側のお客さんは渓谷の風景をゆっくりと楽しめるだろうに。「初詣臨」のこと、お座敷客車で盛り上がって、車窓どころではないのかもしれない。
　そんなことを思う余裕があるほど、列車は歩くような速度で進んでいく。いくら見渡せるとはいえ、樹々などの邪魔ものもあって、いまひとつ手応えに納得いかなかったりする。機関車の角度も気になるところだ。
　すべてが美しく収まる瞬間は、そんなになんどもあるわけではない。相手は動く被写体。煙などときの運、みたいなものだ。まさしく鉄道写真、蒸機写真の醍醐味が詰まったような刹那であった。

佐久海ノ口で交換
■ 10時57分、小海線の名所

　「初詣臨」は佐久海ノ口駅で1235Dと交換する。さっき撮影した松原湖からずっと国道141号線を走る。海尻駅の先で線路をクロスし、右側に線路を見ながら並行して走る。その距離は5kmあまり。

　ようやく追いついた時には、すでにディーゼルカーは駅に到着していた。もちろんわれわれは駅を通過して先回りして列車を待った。佐久海ノ口駅の先には第四千曲川橋りょうがあり、いい雰囲気の情景が広がるが、残念ながら下り列車でないと絵にならない。

　駅をでてから20‰の勾配がつづくことから、ごくごく普通の列車写真を撮ってみよう、咄嗟に思い付いてクルマを停めた。もう列車は駅を通過してそこまできている。カメラを構え、フォーカスを合わせた時には、すかさずシャッターを押している。そんな早業もこの日のような追跡劇には大いに威力を発揮している。

052

　ゆっくりと通り過ぎて行く「初詣臨」。その後姿を見送るまでもなく、欲張りな行動にでた。ここから先、佐久広瀬、信濃川上 … しばらく小海線の線路は国道から離れる。
　それぞれにいい撮影ポイントがあるのだが、やはりいつもの「境川鉄橋」で八ヶ岳バックの写真は撮っておかねばなるまい。途中、クルマの渋滞などがあれば逃してしまうことにもなりかねない。
　それでも諦め切れず、ちょっとだけ追い掛けてそこでもとの国道に戻り、先回りすることにした。欲張り、だけれど一枚でも多く「初詣臨」の姿を残しておきたい。まあ、それを目指しての追跡撮影行なのだから。

054

そして檜舞台へ
■ 12時00分、「境川」橋りょう

　標高1345.67m最高地点の駅、野辺山を過ぎ、「日本鉄道最高地点」を通過すると、あとは一気に小淵沢に向けて下っていく印象だ。

　佐久海ノ口の先で国道とは離れていた線路が、ふたたび並行するようになってきた。のちにはC5696が「歴史民俗資料館」に保存展示されていたりする。

　「初詣臨」もいよいよ最終コースが近くなってきた、というようなところだ。すでに右手には八ヶ岳の雄大な姿が見えている筈で、絶好の天気にも恵まれて、車窓は賑わっていたのではないか。

　小海線最大の人気撮影ポイントとして知られる「境川橋りょう」。八ヶ岳を背景にした三連のガーダー橋はつとに有名だが、ここを後補機付の客車列車が通過するシーンは滅多とないことだ。ところどころに雪を抱いた山並みがこんなにくっきり見えることも稀である。その幸運を思いながらシャッターを押した。

　さすがの名所、なん人もの同好の士がカメラを構える中、絶気運転ながら美しいサイドヴュウを見せて、列車はゆっくりと通過して行った、。

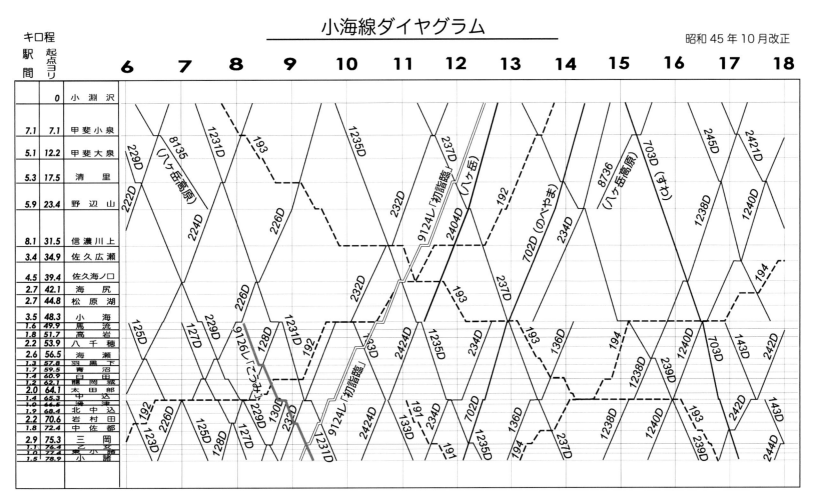

1970年10月改正の小海線ダイヤに「初詣臨」と下り「こうみ」をおおまかにプロットしてみた。

いよいよ終演近し
■ 12時25分、小淵沢到着

　清里から先は線路に沿った道がない。国道141号線を須玉の方に抜けて、その後、国道20号を使って戻るか、新しくできつつあった「八ヶ岳横断道路」を飛ばすか、いずれにしても追跡は半ば諦めなさい、というような状況であった。

　まだ未舗装区間が多く残る「八ヶ岳横断道路」を走ることに決めたが、じつは「ダート走行」はクルマ好きにとって、いうなれば楽しい作業のひとつだ。この日は、全力で列車追跡をする、という大義もあることから抑制するものはなく、すっかりその気になって飛ばしたのを憶えている。

　その結果というか、多分追い越せたのではないか、と待つことしばし。きちんとした撮影ポイントを見付ける余裕がなかったのは、残っている写真でも解る通り。「小淵沢の大カーヴ」を過ぎた、中央本線との合流地点でなんとか捉えることができた。

　このあと小淵沢の駅に顔を出すのだが、指折り数えてみれば駅を入れて10ヶ所、清里踏切、単機回送や「こうみ」を加えたら、もう大満足の半日、濃密な追跡行を果たした、といまにしてもつくづく佳き時代を思うのである。それは蒸気機関車がまだ息をしていた鉄道にとっても、若くて少しばかり無鉄砲だったわれわれにとっても、である。

旅の幕が下りて…
■ 12時27分、小淵沢到着

　小淵沢駅到着12時27分。「小淵沢の大カーヴ」通過を見届けて駅に向かうと、すでに「初詣臨」は小海線の4番線ホームに横付けされ、後補機も解放され、入換えが行なわれている途中だった。ポイントの向きからして、このままC56149は単機回送になるのかもしれない。

　右の機回し線にはここから先の牽引機になるであろうEF64が待機している。C56の「初詣臨」はここで終了。客車はこの先、諏訪大社へのお詣りを待って、篠ノ井線を経由して、さっさと長野に戻り着くようになっている。

　ふと我に返ると、大きな満足感とともにいささかの疲労感に教われたのが忘れられない。思い返せば小諸から小淵沢まで3時間、わずかの間にこれほど凝縮されたひと時があっただろうか。

　蒸気機関車はとおになくなり、交通事情もこんな大冒険を許してはくれなくなっている。佳き時代の思い出、いまや懐想するだけのものとなってしまっている。

　この日の小淵沢駅、正月のしめ飾りがあった。後方の南アルプスも雪模様が美しい。興奮状態は醒めやらず、この後寄り道しながら帰路についた。

特集 2

故 **百瀬昌俊**
長野の鉄道情景
D51 / C56 / C50 / C12

百瀬先輩のこと

　「先輩」とは書いたけれど、気の合った友人というが相応しいかもしれない。インドはダージリンで知り合って、その後、百瀬さんのお住まいの諏訪を通過するたびに立ち寄らせてもらった。

　本当に偶然の私事だが、百瀬さんのところを訪問する前後に愛車が行き倒れ、ローダーの荷台に載せられて戻ったことが、いち度ならずある。なにかしら得体の知れないつながりのようなものも感じて、ますます諏訪が気になるスポットになったりしたものだ。

　その百瀬さんが亡くなった。以前から、冗談のように「病気を抱えててよぉ」とは聞いていたものの、豪快な風貌、物言いの百瀬さんだから、まったく予想できないことだった。

　お訪ねすると、大きく紙焼きした写真を持ち出してきては、これはどこそこ、あのときはこんな列車が撮れたんだ、と諏訪弁丸出しの話はとどまらなかった。ダージリンだけでなく、欧州や台湾の鉄道も熱心に追い掛けていて、どれもが列車写真中心だったのが目を見張らされた。

　「撮影ポイントまでは２時間は歩いたかなぁ」

　重い機材を持ってどこまでも歩く、ヴァイタリティというか、鉄道に対する思い入れは並々ならぬものが感じられた。

　アルバム帳を送ってきて、記録に残しておきたいような話もされていた。百瀬さんの活躍の本当に一部ではあるが、地元長野の鉄道を追いかけた作品をまとめた。地元ならではの貴重な記録、というものだ。

上諏訪区とその周辺

　上諏訪というところは、それほど知られてはいないけれど、ちょっとした「鉄道の街」であった。旧くは1905（明治38）年に、この地に線路がやってきたと同時に機関庫が設けられ、ずっと鉄道の要衝でありつづけた。

　1965年の機関車配置表をみると、上諏訪機関区には中央東線用のD51が19輛に入換用C12が3輛という布陣だった。前後して上諏訪まで電化、翌年には全線の電化が完成すると、機関区の様相も一変する。1966年12月には新宿〜松本間に特急「あずさ」が走りはじめ、上諏訪区には付近の蒸気機関車が集結した。

　塩尻区にいたC50、松本区にいたC56なども上諏訪区が一手に引き受ける形で、1969年にはC12、C50が各3輛、C56が8輛という配置になった。扇形庫、給炭台などの設備も残され、大機関区の風格はそのままだった。

　旧くからの汽車好き、地元の名士の百瀬さんは、鉄道人との付合いも多く、「庭」がごとくに機関区に出入りしていた。その成果はしっかり残されている。

「上諏訪にはC56ラストナンバーの160がおるぞ」
　自分の持ち物のように、ちょっと自慢気に話していた百瀬さん。大糸線で使用されていた「集煙装置付」のC56も在籍していた。C56151を含め3輛が集煙装置を装着していたといわれる。C56126はその姿のまま三江北線などに転属して異彩を放っていたが、最終的には小淵沢小学校に保存展示されている。
　長野管理局内での移動は頻繁で、C56160も長野区にいったり小海線中込区に貸し出されたり、百瀬さん自身も各所で撮影した写真が残されている。

姨捨のスウィッチバック

　百瀬さんの好きな撮影地のひとつに姨捨の付近があった。篠ノ井線には姨捨駅をはじめとして、潮沢、桑ノ原、羽尾信号所、合わせて4つのスウィッチバックがつづくという珍しいところ。

　比較的新しく、列車容量の増大のために1960年代になって信号所が新設された。1970年2月にはDD51で無煙化、その後1973年3月には電化されている。

　もちろん蒸気機関車が中心ではあったが、百瀬さんはそれ以外の車輛にもカメラを向けた。右はキハ91系の試運転に参加したときのもの、下は急行「きそ」でオロハネ10型客車が写し込まれている。

　スウィッチバック群も、のちに廃止になってしまい、この情景もフィルムのなかで残るだけになっている。

小海線のこと

　小海線も、百瀬さんが好んで通った場所のひとつだ。お馴染み「八ヶ岳高原」号に乗車したり、夏の「野菜臨」を追い掛けたり、お仲間と一緒に行ったような写真もあった。

　鉄道名所として知られるところだけでなく、野辺山の駅で野菜列車の入換えのようすから、熱心に撮影したりしていた。ダイナミックなD51を追い掛ける一方で、身近かな小型テンダ機C56もお気に入りのようであった。夏の臨時列車運転時には、上諏訪区からもC56が応援に駆り出されたりして、百瀬さんは親近感とともに撮影したにちがいない。

D51の終焉

　架線の下を走るD51。右の写真は百瀬さんのお気に入りの写真のひとつ。ドレインを目一杯切りながら発車していくシーンだ。

　百瀬さんのことだから、知り合いの機関士さんに頼んで「豪快に頼むでぇ」とか前もって言っていたんじゃないか。そんな風に思わされるような迫力満点の写真である。

　そんな篠ノ井線にも「無煙化」の波が押寄せてくる。前述の通り、DD51の投入が行なわれ、篠ノ井縁のD51は一掃されてしまうのだ。それに際して1970年2月22日にはD51重連が7輌の客車を牽く「お別れ列車」が運転された。

078

　1970年2月22日に運転された「お別れ列車」。百瀬さんはそれまでの撮影行で決めていた、とっておきのポイントでなん点かのシーンをフィルムに残している。まさしく最期、万感の思いだっただろう。
　働き場を失ったD51824は地元で保存されることになり、百瀬さんはその引き渡し式、保存場所への搬入なども追い掛けた。
　近隣の蒸気機関車が失せたことから、この後、百瀬さんの目は海外に向けられることになる。一緒の撮影行はダージリン一回きりだが、海外での撮影場所もお互い同じところに行っているのが解って、会えば話が尽きなかった。豪放な百瀬さんの話し振りが忘れられない。

百瀬昌俊さんのこと

　私は「諏訪鉄道倶楽部」の事務局を受持っております。思い返してみればもう50年近く、数多くの鉄道の仲間と楽しんできました。もちろん、百瀬昌俊さんもそのクラブ創設以来のメンバー、中心的人物のひとりとして、長くお付き合いをさせていただいたものです。12名ではじまったクラブですが、一時は74名を数える時期もありました。

　諏訪地域は上諏訪機関区があったことも影響しているのか、鉄道好きの密度の濃いところのひとつのようです。百瀬さんも、小学生の頃から機関区に入り浸っている、というような鉄道好きでした。私は行政職にいたことから、百瀬さんがはじめた「ミニSL」は、私たちが計画する「子供まつり」の人気者で、数えてみると18年間も百瀬さんの世話になりました。

　地元の諏訪市博物館では毎年1回、21年間鉄道イベントを実施してきました。「遠くで汽笛を聞きながら」が2回、「機関車が並んでいた頃の上諏訪」「上諏訪電化50周年特別展」「上諏訪駅のいまむかし特別展」…等々、百瀬さんは様々な知識もお持ちでお話をお聞きしたり、数多くの写真やコレクションされていたヘッドマーク、サボ等鉄道グッズをお借りしてイベント開催に協力をいただきました。

　私は鉄道模型が趣味の中心なので、誘ってはいただきましたが百瀬さんと一緒に海外の鉄道撮影などをしたことはないのですが、めずらしい海外での写真を見せていただいたりしました。バスの運転を買って出られて、クラブの仲間と一緒に趣味の旅行をしたものです。1泊2日で夜は模型の運転をしながら鉄道談義。宿泊時は当然お酒をいただきながら思い出話に花を咲かせ、ほとんど徹夜であったことも。酒屋さんだったことからお酒も大好きな百瀬さんでした。

　百瀬さんはこだわりなのか、携帯電話は持たずSNSもしない、連絡は直接お家に伺うか家の電話へと大変だった思い出があります。それを含めて百瀬昌俊さんとはどんな人、と聞かれれば一言でいって体格からもですが「パワフルな活動家」でした！ 重い撮影機材を抱えて、どんどん歩いて行く。そんな姿が思い出されます。

　豪快で大きな体の百瀬さんでしたから奥様の看病は大変であったかとお察しします。頑丈な体格であった百瀬さんがこんなに早く、と残念でありました。身内のみでとのところを、通夜の前に倶楽部の皆さんにはお別れの時間をといっていただき、深々と雪の降る日にお別れをしました。

　　　　諏訪鉄道倶楽部事務局長、諏訪市博物館協議会会長
　　　　　　　　　　　　　　　　　　　　　　樋口公男

「ミニSL」運転の百瀬さん。右は一枚だけ残っていた私との2ショット。

あとがきに代えて

　ひとつの列車をまとめるという試みを本書で実現した。たった一本の列車が記憶から離れなかったりする。まさしく小海線の「初詣臨」などその最たるものだが、本当に撮影したときから一冊の書籍を考えていた。まだまだ未熟ではあったけれど「起承転結」も考え、遠景、近景、名所の撮影ポイントなど、まとめられるだけの素材を準備していた。若かりし頃の、ちょっと無鉄砲なエネルギイの所産、というものかもしれない。

　とにかく蒸気機関車が消えていく。待ってはくれない。いまはひとつでも多くのシーンをフィルムに定着しておくしかない。まとめるのはあとからでいい。そう思いつづけて走り回ったものだ。

　まあ、いま頃になってようやくまとめられるというのは、なにを以ってしてもシアワセな作業である、というほかはない。膨大なフィルムとメモとをもとに、当時のシーンを思い起こしては、またぞろひとり盛り上がってしまう。それほど蒸気機関車のある情景は、強烈なインパクトを残していった。それはなにも小生ひとりだけのものではあるまい。

＊　　＊　　＊

　こん回、特別なこととして、故 百瀬昌俊さんのページを設けた。生前、世界の蒸気機関車を追いかけ、エネルギッシュに走り回っていた。「行きたいところはすべて行った、ということばが私の支えになっております」と奥様からお聞きして、小生も少し気が晴れたものだ。

　写真集を出したい、という百瀬さんの生前の思いに少しでも応えられたなら嬉しい。

清里駅手前の踏切で追いつき、左の写真を撮ってクルマに戻る眞太郎君。

　もうひとり、小海線「初詣臨」をはじめ、若かりし頃、多くの撮影行をともにした友人、笹本眞太郎君も鬼籍に入ってしまった。困ったものである。少しでも多くの情景を記録に残しておきたい、という願いは尽きるものではない。

＊　　＊　　＊

　いま残っていてくれたら… と思うような機関車がいくつもある。保存運転ももっと活発になればいいのに、と願ったりする。蒸気機関車という、ひとつの時代を担い、陸の王者というような存在であったものは、当時に近い形で残されるべきではないだろうか、とつくづく思う。単に汽車好きの趣味という以上の文化の所在、というものなのだから。

　英国などで、本当に当時の情景を現代に甦らせてくれるような保存機関車に出遇うたびに日本はもっと豊かな国のはずなのに、と口惜しく思ったりするのだった。

2024年初秋に
いのうえ・こーいち

いのうえ・こーいち　著作制作図書

- ●『世界の狭軌鉄道』いまも見られる蒸気機関車　全6巻　2018〜2019年　メディアパル
  1、ダージリン：インドの「世界遺産」の鉄道、いまも蒸気機関車の走る鉄道として有名。
  2、ウェールズ：もと南アフリカのガーラットが走る魅力の鉄道。フェスティニオク鉄道も収録。
  3、パフィング・ビリイ：オーストラリアの人気鉄道。アメリカン・スタイルのタンク機が活躍。
  4、成田と丸瀬布：いまも残る保存鉄道をはじめ日本の軽便鉄道、蒸気機関車の終焉の記録。
  5、モーリイ鉄道：現存するドイツ11の蒸機鉄道をくまなく紹介。600mmのコッペルが素敵。
  6、ロムニイ、ハイス＆ダイムチャーチ鉄道：英国を走る人気の381mm軌間の蒸機鉄道。
- ●『C56 Mogul』C56の活躍した各路線の記録、また日本に残ったうちの40輛の写真など全記録。
- ●『小海線のC56』高原のローカル線として人気だった小海線のC56をあますところなく紹介。
- ●『井笠鉄道』岡山県にあった軽便鉄道の記録。最期の日のコッペル蒸機の貴重なシーンも。
- ●『頸城鉄道』独特の車輛群で知られる新潟県の軽便鉄道。のちに2号蒸機が復活した姿も訪ねる。
- ●『下津井電鉄』ガソリンカー改造電車が走っていた電化軽便の全貌。瀬戸大橋のむかしのルート。
- ●『尾小屋鉄道』最後まで残っていた非電化軽便の記録。蒸気機関車5号機の特別運転も収録する。
- ●『糸魚川＋基隆』鉄道好きの楽園と称された糸魚川東洋活性白土専用線と台湾基隆の2'蒸機の活躍。
- ●『草軽電鉄＋栃尾電鉄』永遠の憧れの軽便、草軽と車輛の面白さで人気だった栃尾の懐かしい記録。
- ●季刊『自動車趣味人』3、6、9、12月に刊行する自動車好きのための季刊誌。肩の凝らない内容。

082

著者プロフィール

いのうえ・こーいち（Koichi-INOUYE）
岡山県生まれ、東京育ち。幼少の頃よりのりものに大きな興味を持ち、鉄道は趣味として楽しみつつ、クルマ雑誌、書籍の制作を中心に執筆活動、撮影活動をつづける。近年は鉄道関係の著作も多く、月刊「鉄道模型趣味」「鉄道ファン」誌に連載中。主な著作に「C62 2 final」、「D51 Mikado」、「世界の狭軌鉄道」全6巻、「図説電気機関車全史」（以上メディアパル）、「図説蒸気機関車全史」（JTBパブリッシング）、「名車を生む力」（二玄社）、「ぼくの好きな時代、ぼくの好きなクルマたち」「C 62／団塊の蒸気機関車」（エイ出版）、「フェラーリ、macchina della quadro」（ソニー・マガジンズ）など多数。また、週刊「C62をつくる」「D51をつくる」（デアゴスティーニ）の制作、「世界の名車」、「ハーレーダビッドソン完全大図鑑」（講談社）の翻訳も手がける。季刊「自動車趣味人」主宰。株）いのうえ事務所、日本写真家協会会員。
連絡先：mail@tt-9.com

小海線初詣臨　百瀬昌俊　長野の汽車　鉄道趣味人15「列車懐想」

発行日	2024年10月14日
	初版第1刷発行

発行所　著者兼発行人　いのうえ・こーいち
　　　　株式会社こー企画／いのうえ事務所
　　　　〒158-0098　東京都世田谷区上用賀3-18-16
　　　　　　PHONE 03-3420-0513
　　　　　　FAX 　　03-3420-0667

発売所　株式会社メディアパル（共同出版者・流通責任者）
　　　　〒162-8710　東京都新宿区東五軒町6-24
　　　　　　PHONE 03-5261-1171
　　　　　　FAX 　　03-3235-4645

印刷　製本　株式会社JOETSUデジタルコミュニケーションズ

© Koichi-Inouye 2024

ISBN 978-4-8021-3481-1　C0065
2024 Printed in Japan

◎定価はカヴァに表示してあります。造本には充分注意しておりますが、万が一、落丁・乱丁などの不備がございましたら、お手数ですが、発行元までお送りください。送料は弊社負担でお取替えいたします。

◎本書の無断複写（コピー）は、著作権法上での例外を除き禁じられております。また代行業者に依頼してスキャンやデジタル化を行なうことは、たとえ個人や家庭内での利用を目的とする場合でも著作権法違反です。

著者近影　　撮影：イノウエアキコ

夢中だったあの頃の情熱を呼び醒ます！

鉄道趣味人 Club Schmitt
既刊好評発売中！

ISSUE 01 — 肥薩路の美しい C55 の情景を中心に… こんなに B2010 の写真を並べたのは、前代未聞。鹿児島区の C60、C61 も収録。

ISSUE 07 — C12 が重連で走る足尾線。いままであまり知られなかった足尾本山駅に言及。ラストランに立ち会った流線型 EF55。

ISSUE 02 — C62 のボイラーの熱が感じられる距離での併走。糸崎区最後の C59/C62。大迫力 C56 木次発車シーンが忘れられない…

ISSUE 08 — 撮影名所、大淀川橋りょうをはじめ、日豊鮮の C57 と晩年に走った C61 ＋の三重連。C612 と宮崎の C57 満載する。

ISSUE 03 — 首都圏にもこんなに蒸機が走っていた。大宮区の 9600 をずらり各機紹介。流線型電車「玉電 200」の麗姿を特集する。

ISSUE 09 — 「ハチロク」の牽くお召列車を追いかけた越美北線。晩年の 8620 を七尾線 C56 とともに紹介。新鮮な情景写真は注目だ。

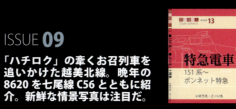
ISSUE 13 — 151 系にはじまる憧れの特急電車。東海道での 6 年間をはじめとして、発展形の 489 系までを思い入れとともに記録。

ISSUE 04 — 北海道 D52 の活躍と五稜郭区に残る各機の表情。「雪の C62 重連」をちがう角度で記録。はたまた事故に遭遇した件も。

ISSUE 10 — 筑豊線を行く C55 は繊細なスポーク動輪が魅力。また試作を含み「小工式デフ」各種装着。明礦平山の機関車も興味深い。

ISSUE 14 — C57 の牽く朝の通勤列車は朝陽のなかを快走する。西舞鶴の可動橋と C12、それに加悦鉄道の晩年と保存、最後まで。

ISSUE 05 — 筑豊を走る D50/D60 の牽く石炭列車。その姿をとどめていた古豪 D50 型 10 輛すべて。行橋区の人気者 C50 を記録。

ISSUE 11 — 「布原」といえば D51 の三重連が話題だったが、日本的情景も素敵だった。三江北線 江津の奇跡的シーン、C621 も紹介。

ISSUE 06 — 重連、後補機… 花輪線で活躍した「ハチロク」。龍ヶ森の一日を再現。五能線の混合列車で全線踏破。青森駅の情景も。

ISSUE 12 — 古典機 D60 が活躍する磐越東線は重連、後補機など面白い運用で人気だった。汽車好きの聖地、日鉄羽鶴の 1080 を回顧。

次刊発売
ISSUE 16 は **11 月 10 日**の予定です。